LETTRE

D'UN ANCIEN GRENADIER

DE LA RÉPUBLIQUE FRANÇAISE,

A

M. LE COMTE D'APPONI,

AMBASSADEUR D'AUTRICHE A PARIS.

PARIS,

LIBRAIRIE DE DELAFOREST,

RUE DES FILLES ST.-THOMAS, N° 7.

1827.

LETTRE

À MONSIEUR LE DIRECTEUR
DU JOURNAL FRANÇAIS

À

H. LE COMTE D'APPONI,

AMBASSADEUR D'AUTRICHE A PARIS.

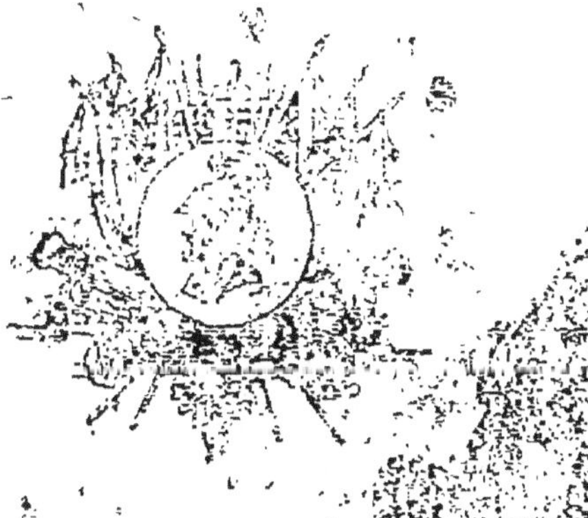

PARIS

LIBRAIRIE DE DELAFOREST

IMPRIMÉRIE DE DAVID,
BOULEVART POISSONNIÈRE, N° 6.

1837.

LETTRE

D'UN ANCIEN GRENADIER

DE LA RÉPUBLIQUE FRANÇAISE,

A M. LE COMTE D'APPONI,

AMBASSADEUR D'AUTRICHE A PARIS.

Monsieur le Comte,

Je n'entends rien au langage diplomatique ; on s'en servait peu de mon tems. Les choses et les hommes s'appelaient alors par leurs noms; le vernis féodal était tombé de vétusté pour faire place à la rudesse républicaine, et chacun allait droit au but, sans songer ni au style, ni à l'étiquette, ni à la rhétorique, ni au blason. Jours d'ignorance et de barbarie! il est vrai, comme disent aujourd'hui tant de bons amis de la liberté, héritiers bénéficiaires de la révolution, qui s'adjugent libéralement le profit du combat, et ne laissent que l'odieux à qui décida la victoire. Mais je suis venu en ces jours de brutale franchise, et je dois porter le cachet de l'époque. Il me semble toujours que les droits de la vérité sont plus sacrés que ceux de la politesse, et que le jeune Français qui abandonna, en 1792, l'apprentissage du salon pour se présenter, en soldat intrépide, devant vos hulans et vos pandours, vaut au moins l'homme de *bon ton* qui se présente bien dans la haute société, et qu'on admire jusque dans les cercles de la petite bourgeoisie. Je vous confesse mon endurcissement, en Welche déhonté, afin que vous ne soyiez pas trop surpris des bévues plébéiennes que je pourrai commettre dans le cours de cette lettre, et que vous puissiez ainsi vous disposer à l'indulgence, pour toutes les infractions *au code du grand monde*, qui m'échapperont indubitablement.

Que de choses j'ai à vous dire, monsieur le comte! Mais commençons par la première; il s'agit d'un remerciement. Depuis l'an 12 de la république, je n'avais plus ouï parler de mes plus anciens et plus illustres camarades. Ils sont tous morts à Marengo, me disais-je, puisque je n'ai plus retrouvé leurs noms dans les bulletins des campagnes suivantes. Heureux, en tombant sous le fer ennemi, d'avoir ainsi évité le sort de tant d'autres guerriers, frappés depuis, au milieu de nous, par des mains qui n'étaient pas étrangères! Quelquefois

aussi il me vint dans l'esprit que ces défenseurs
héroïques de *la liberté* et de *l'égalité*, jaloux
de conserver ce qu'ils avaient conquis au prix
de leur sang, ce qui avait fait leur élevation et
leur gloire, avaient bien pu se résigner à l'obs-
curité, comme Fabricius, ou retourner à la char-
rue, comme Cincinnatus, plutôt que de prêter
leur bras à celui de leurs compagnons qui s'était
fait leur maître; et je me plaisais à leur appliquer
ce qu'on avait dit de Cassius et de Brutus : *adeo*
profulgebant quò non videbantur. Vous avez mis
fin à mes conjectures, monsieur le comte, à mes
incertitudes qui assez souvent troublèrent mon
sommeil ; et ce que ni l'almanach impérial, ni
l'almanach royal, ni la lecture assidue des
journaux de toutes couleurs n'avaient pu m'apprendre, m'est révélé aujourd'hui par les laquais
de Votre Excellence. Ils vivent donc encore ces
hommes qui tant de fois humilièrent la cour
de Vienne, obstinée à nous imposer la féodalité dont nous ne voulions plus! ils vivent, et
c'est le ministre même de cette cour qui les
annonce dans mon village, en croyant ne les
annoncer que dans son hôtel, grâces à la pu-
blicité qui nous fait jouir de ses bienfaits, quoi-
que aux approches de l'agonie. Daignez agréer

ici, monsieur le comte, l'expression de ma vive reconnaissance pour ce service involontaire; je sens presque s'affaiblir la vieille rancune que je gardais à votre gouvernement, depuis la découverte du fameux *comité autrichien*, jusqu'au congrès de Vérone inclusivement. Que Votre Excellence m'en sache gré; ce n'est pas là un mince sacrifice pour un patriote incorrigible, qui n'a pas encore oublié Pilnitz, ni les hussards de Szecklers (1).

Ce premier devoir une fois rempli, monsieur le comte, je vous ferai une pénible confidence: c'est que la joie dont je suis redevable aux hérauts de votre antichambre, n'est pas tout-à-fait sans mélange. Si j'éprouve en effet une grande satisfaction à apprendre que la mort a respecté quelques-uns de mes vieux camarades, quelques vétérans de notre gloire nationale, il m'en coûte aussi de les rencontrer dans des combats d'étiquette, et de ne recevoir de leurs nouvelles que par les bulletins de vos *soirées*; il m'en coûte de penser que je ne les ai perdu si long-tems de vue que parce qu'ils se laissè-

1) Ce dernier nom rappelle un des crimes les plus horribles de notre époque, l'assassinat des plénipotentiaires français à Rastadt par des hussards autrichiens.

rent revêtir des mêmes titres que nous déchirâmes en 1789, et contre lesquels nous combattions ensemble à Jemmapes, à Hohenlinden et à Marengo.

Tenez, monsienr le comte, mon affliction sur ce point est si profonde, que je ne sais pas trop si je n'aimerais pas mieux les savoir dans l'Élysée, entre Hoche et Marceau, avec Championnet et Joubert, Kléber ou Desaix, que d'entendre dire qu'ils ont paru au bal de M. le duc de Doud...., du marquis de Riv...., etc., ou qu'ils ont échangé leur épée contre un cierge, pour suivre Quél.... et Frays..... Mais quelle mauvaise et tardive chicane vous leur faites aujourd'hui ! C'est une véritable querelle d'Allemand. Que n'y songiez-vous quand vos chasseurs tyroliens campaient sur les bords de la Seine ; quand les plus ardens *patriotes de* 1827 fêtaient votre Schwartzemberg, et laissaient dormir leur susceptibilité nationale sur la tombe de leurs frères d'armes! Vous aviez alors, me direz-vous, quelque chose de mieux à demander que les titres de nos guerriers ; il vous fallait..... ce qu'on vous accorda. Mais depuis que vous avez obtenu, pour une victoire d'un jour, plus que nous n'avions exigé pour des triomphes de vingt ans, comment se fait-il que vous ayez gardé le silence sur les pompeuses qualifications dont votre cœur se trouvait blessée? Vous attendez, pour nous entretenir de ces choses-là (qu'on peut fort bien ne pas considérer comme les plus graves de l'état, sans manquer au respect constitutionnel qui leur est dû), vous attendez que nous soyons menacés dans nos intérêts les plus chers, et que le monde politique soit livré à la plus violente agitation. Entre nous, monsieur le comte, cela sent le Mettern.... Il me souvient d'un certain voyage qui, l'an passé, fit beaucoup de bruit. Les amis de la liberté de la presse y voyaient les symptômes de l'orage qui éclate cette année contre elle. N'auriez-vous pas reçu mission de protéger l'enfantement de la loi que votre patron fit concevoir à la Sainte-Alliance expirante, dont M. le comte de Peyronnet n'est ici que l'accoucheur ? Je ne sais, mais à la manière dont les choses se passent, on dirait que vos prétentions sont tombées à point nommé dans Paris, pour détourner l'attention publique des débats législatifs, au moment même où l'opinion de la France se manifeste avec tant d'éclat contre les projets de nos hommes d'état, vos alliés et vos défenseurs. L'histoire des *piqueurs* est encore récente; n'aurait-on pas chargé Votre Excellence de nous en donner une seconde édition? Ils s'attaquaient à nos femmes, vous vous en prenez à notre nouvelle aristocratie : c'est toujours s'adresser à la partie la plus délicate et partant la plus irascible de la société ; de là ces cris d'alarme qui étourdissent la nation, et l'empêchent d'entendre le bruit des chaînes qu'on lui prépare. Déjà les journaux régulateurs de l'opinion libérale n'ont-ils pas accordé une espèce d'armistice à M. le comte de Peyronnet pour s'occuper de M. le comte d'Apponi, et ne partagent-ils pas leurs colonnes entre vous et lui ? L'indignation qu'a fait naître l'apparition du nouveau projet de loi contre la liberté de la presse n'a-t-elle pas perdu tout-à-coup le privilége exclusif d'inspirer certaines feuilles quotidiennes, et n'est-elle pas pour ainsi dire absorbée par l'importance que nos chaleureux constitutionnels attribuent à des blessures d'amour-propre? A les en croire, il faudrait encore courir aux armes pour faire reconnaître nos ducs par ces mêmes cabinets que nous combattîmes, pendant dix ans, pour les forcer à nous permettre de nous en passer.

Mais rassurez-vous, monsieur le comte, nous ne franchirons pas le Rhin de si tôt. Le peuple français s'entend mieux en honneur national et en liberté, que ses prétendus organes. Loin de croire sa gloire compromise par la formule de vos invitations, il se rappelle qu'il dut cette gloire aux efforts mêmes qu'il fit pour se débarrasser irrévocablement des priviléges nominaux, que vous contestez à quelques-uns des braves qui le dirigèrent dans cette lutte mémorable. Nos plus beaux souvenirs s'attachent aux temps où l'illustration personnelle avait remplacé la pompe des titres. Nous n'avions pas de grands seigneurs à Leoben, à Lunéville, à Amiens, quand, après cent victoires éclatantes, nous imposions la paix à l'Europe : nous en avions à Prague, à Châtillon, à Vienne, à Paris, et à Aix-la-Chapelle. Tout le monde sait cela en France ; et quelque sollicitude que les coteries puissent manifester pour la féodalité impériale, elles ne parviendront point à la nationaliser parmi nous, quoi qu'en dise M. le comte de Montlosier.

Les journaux libéraux ne sont pas les seuls au reste à se récrier contre vous. On a vu quelque part la noblesse antique rassembler toutes ses forces pour embrasser généreusement la cause de sa jeune sœur. Ce spectacle est édifiant ; que n'avons-nous pu en jouir plus tôt, lorsque nos soldats tombaient sous le fer des assassins à Nismes et à Marseille ; lorsque nos généraux étaient traduits devant des conseils de guerre ; lorsqu'une populace hideuse égorgeait le maréchal Brune dans Avignon ! c'était le cas de parler de la gloire de nos armes, et de réclamer pour l'illustration militaire. Loin de là, les journaux de l'aristocratie, et quelquefois aussi la tribune, ne servirent qu'à calomnier les victimes et à outrager leur mémoire. Il a fallu pour appeler sur l'ancienne armée l'intérêt de certaines gens, qu'on disputât à quelques-uns de ses chefs le droit de porter un autre nom que celui qu'ils rendirent célebre ; il a fallu, pour réveiller le patriotisme de plus d'un anobli, qui dansait chez le baron Vincent ou chez le duc de Vellington, pendant que vos soldats tenaient garnison dans nos places fortes ; il a fallu que la contre-révolution menaçât les parchemins de fraîche date, et se servît de la diplomatie pour donner un avant-goût de ses desseins à cet égard.

En vérité, monsieur le comte, je ne puis con-

cevoir le déchaînement dont vous êtes l'objet,
surtout de la part des hommes à qui vous avez
voulu restituer le nom que l'histoire a enregistré,
et dont la France s'enorgueillissait en ses plus
beaux jours de triomphe. Pour moi, si j'avais
eu l'honneur de figurer parmi les généraux de
la république; si j'avais rendu mon nom cher
à mes concitoyens et redoutable aux ennemis
de mon pays, en suivant les drapeaux de la
liberté, je m'estimerais heureux qu'une main,
même étrangère, entreprît de lui rendre son
éclat primitif, en le dépouillant de l'enveloppe
gothique dont l'aurait surchargé un conquérant
acharné à refaire le moyen âge, et jaloux peut-
être de cacher, sous de magnifiques dehors,
des illustrations rivales. Le maréchal Jourdan
a-t-il été placé moins haut que ses collègues,
dans la reconnaissance de la patrie et dans nos
glorieuses annales, parce qu'il a conservé le
nom plébéien qu'il immortalisa aux champs de
Fleurus? J'en dirai autant du maréchal Gouvion-
Saint-Cyr, et j'ajouterai que la mort même
a déjà pris soin de *désennoblir* ceux de nos
grands capitaines qui acceptèrent le baptême
de cour, et consentirent à couvrir des langes
de l'aristocratie, la nudité brillante des noms

roturiers avec lesquels la victoire avait familiarisé la France : on ne parle plus du duc de Rivoli, du prince d'Essling ; on dit simplement, comme l'histoire dira : MASSÉNA (1).

Voyez un peu, monsieur le comte, la bizarrerie humaine : le fondateur de ces grands fiefs impériaux, qui vous tourmentent si fort, les a condamnés implicitement lui-même sur son rocher de Sainte-Hélène, en confessant que l'esprit d'égalité était l'esprit dominant en France. C'était bien voir sans doute, mais alors pourquoi agir si mal ? Pourquoi transformer la plupart de nos anciens démocrates en ducs et barons, qui se sont montrés entichés de leurs titres, au moment même où un marquis de vieille roche, fidèle aux sentimens et aux doctrines de toute sa vie, repoussait solennellement les *qualifications féodales* dont avaient été revêtus ses ancêtres ? Il avait compris notre siècle, celui-là ; aussi, l'opinion publique n'est-elle pas restée en arrière. Elle a entouré d'admiration et de respect le frère

(1) Voir, au cimetière du Père Lachaise, le monument que sa famille lui a fait élever, et qui porte pour toute inscription : MASSÉNA.

d'armes de Washington, et proclamé, dans les deux mondes, qu'on pouvait se passer de titres et de particule, quand on s'appelait LAFAYETTE. Pardon, monsieur le comte, ce nom m'est échappé ; je sens qu'il doit mal sonner à vos oreilles. Parler du prisonnier d'Olmutz à un ambassadeur d'Autriche, c'est une distraction qu'on pourrait prendre pour une malice. Heureusement je vous ai prémuni d'avance contre les écarts auxquels je devais être entraîné à mon insu, et je me hâte de finir pour ne pas trop les multiplier.

Je suis, etc.,

Monsieur le comte,

Un ancien camarade de LATOUR D'AUVERGNE.

Valmy, 6 février 1827.

P. S. Au moment de fermer ma lettre, monsieur le comte, j'apprends qu'un honorable vieillard, qui, en sa qualité d'ancien maître des cérémonies, doit tenir plus que personne à l'observance rigoureuse des loix de l'étiquette, a fait consigner quelque part une épithète peu flatteuse pour Votre Excellence ; on dit aussi qu'un nouveau saint Pierre a exprimé le désir de faire de vous un autre *Mal-chus*, et que telle est enfin l'indignation natio-nale qui éclate à Paris contre les prétentions de l'Autriche, qu'on a résolu de vous laisser danser seul. Quel sujet d'alarme pour les hom-mes dont la sollicitude peut s'attacher aux in-térêts d'amour-propre, aux amusemens et aux oreilles des grands! Je n'ai pas besoin de vous dire que tout cela ne me touche guère, ne me touche pas du moins autant que tout ce que nous avons enduré pendant dix ans, en pré-sence de messieurs les *indignés* d'aujourd'hui, assez peu sensibles alors à notre humiliation et à nos souffrances. Mais permettez-moi ce-pendant de trouver admirable le sublime élan de patriotisme que vous venez de provoquer. Il est beau, il est consolant de voir les faiseurs ou partisans des *notes secrètes* manifester sou-dainement une répugnance invincible pour l'*in-tervention étrangère*, à propos d'une affaire de salon ; et l'on ne saurait trop constater ce pro-grès de l'opinion publique, qui nous montre les auteurs de la guerre d'Espagne en 1823, repoussant les tentatives superbes de la cour de Vienne, pour raccourcir *nominalement* des soldats français. dans les *hôtels* de Paris. Je persiste toutefois à croire que si nos vertus guerrières peuvent être encore réveillées, il faut les laisser dormir le plus possible, dans l'intérêt des arts, de l'industrie, et de la civilisation de tous les peuples, choses un peu plus importantes que des titres et des duchés; et loin d'accepter la solidarité qu'on essaye d'établir entre nous, gens du peuple, et ces *messieurs*, gens de la cour, à qui s'adressent les prétentions de Votre Excellence, je déclare que je profite du divorce éclatant qu'ils ont fait avec nous depuis long-tems, et que, sans me réjouir précisément de leurs mésaventures dans la carrière de courtisans, si l'humeur belliqueuse venait à me reprendre, je la réserverais néanmoins pour meilleure occasion.

FIN.